Menino Jesus de Praga

Giovanni Marques

Menino Jesus de Praga
História e novena

Citações bíblicas: *Bíblia Sagrada* – tradução da CNBB, 2ª ed., 2002.

Editora responsável: *Celina Weschenfelder*
Equipe editorial

5ª edição – 2010
5ª reimpressão – 2020

Nenhuma parte desta obra poderá ser reproduzida ou transmitida por qualquer forma e/ou quaisquer meios (eletrônico ou mecânico, incluindo fotocópia e gravação) ou arquivada em qualquer sistema ou banco de dados sem permissão escrita da Editora. Direitos reservados.

Paulinas

Rua Dona Inácia Uchoa, 62
04110-020 – São Paulo – SP (Brasil)
Tel.: (11) 2125-3500
http://www.paulinas.com.br – editora@paulinas.com.br
Telemarketing e SAC: 0800-7010081
© Pia Sociedade Filhas de São Paulo – São Paulo, 2005

Introdução

Praga, atual capital da República Tcheca, é uma das mais belas cidades da Europa. Entretanto, possui uma história marcada por muitas dores, uma vez que já foi palco de sérios conflitos políticos, sociais e religiosos. Justamente essa cidade, tão bela e tão sofrida, foi escolhida por Deus como berço de uma das mais populares devoções à infância de Jesus: a devoção ao Menino Jesus de Praga.

Em 1628, o Convento dos Carmelitas Descalços de Praga passava por um momento de sérias dificuldades, tanto financeiras quanto espirituais. Movida de grande compaixão, a princesa Polyxena de Lobkowitz decidiu presentear os religiosos carmelitas com o seu bem mais precioso: uma bela imagem do Menino Jesus. Tratava-se de uma escultura bastante especial:

o Menino Jesus, já um pouco crescidinho, vestido em trajes de príncipe. Em uma das mãos, trazia um globo, representando o mundo inteiro; na outra, apresentava um sinal de bênção, com os dedinhos indicador e médio levantados, no estilo das imagens sacras orientais. Entretanto, o detalhe mais encantador da imagem doada pela princesa era o sorriso franco, infantil e cheio de amor estampado no rosto do Menino Deus, sinal bastante raro nas imagens de Jesus.

A imagem do Menino Jesus tornou-se um motivo de grande consolo para os aflitos carmelitas. Quanto mais rezavam na frente dela, mais encorajados se sentiam pelo sorriso inocente de Jesus. Confortavam-se em recordar que, apesar de todas as provações, Jesus os amava e permanecia sempre presente entre eles. O primeiro a aderir com grande fervor à nova devoção foi o frei Cirilo da Mãe de Deus, que, ao rezar diante da sagrada imagem, ficou curado de uma grande angústia espiritual.

Em pouco tempo, os religiosos carmelitas se sentiram motivados a expor a imagem à veneração pública, na igreja de Santa Maria da Vitória, que se encontrava sob seus cuidados, na mesma cidade de Praga. Foram tantas as pessoas beneficiadas com a oração diante daquela imagem do Menino Deus, que rapidamente a devoção ao Menino Jesus de Praga foi difundida pela Europa.

Depois de alguns anos, contudo, estourou uma terrível guerra religiosa em Praga. Com isso, os carmelitas foram expulsos da cidade, e as igrejas, profanadas. Muitas imagens de santos e santas foram completamente destruídas. Após serem acalmados os conflitos, os carmelitas conseguiram voltar a Praga e iniciaram a busca da querida imagem do Menino Jesus em meio aos escombros do templo.

Finalmente, encontraram-na, porém, destruída, com as mãozinhas cortadas. Depois de restaurada, expuseram-na novamente para a oração do povo, que suplicava pela paz entre os cristãos de diferentes Igrejas. Graças à oração àquela imagem do Menino Jesus, vestido como Príncipe da Paz (cf. Is 9,5), o povo de Praga alcançou o fim daquele doloroso conflito.

Com o passar do tempo, a devoção ao Menino Jesus de Praga foi se espalhando pelo mundo inteiro. Chegou ao Brasil trazida pelos padres carmelitas. Atualmente, em nosso país, há muitas comunidades cristãs, urbanas e rurais, que têm o Menino Jesus de Praga como padroeiro.

É importante chamar a atenção para o fato de que a devoção ao Menino Jesus de Praga significa, antes de mais nada, uma devoção a Jesus. Ser um verdadeiro devoto do Menino Jesus de Praga não pode ter outro sentido senão um desejo de aproximar-se mais de Jesus, de segui-lo mais de perto, de tomá-lo como mestre e amigo. Aliás, é sempre válido lembrar que qualquer devoção só é verdadeiramente saudável quando nos torna mais fiéis a Jesus, mais comprometidos com o Reino que ele veio inaugurar no meio de nós.

A devoção ao Menino Jesus de Praga nos faz mais próximos dos mistérios da infância de Jesus. Que esta novena possa ajudar os devotos do Menino Jesus de Praga a encontrar um caminho de identificação com o Mestre de Nazaré, que nos diz que "quem não receber o Reino de Deus como uma criança não entrará nele" (Lc 18,17).

PRIMEIRO DIA

Um menino nasceu para nós

Oração inicial

Em nome do Pai, do Filho e do Espírito Santo. Amém.

Ó meu amado Menino Jesus, é com o coração cheio de esperança que inicio esta novena. Foste tu que disseste um dia: "Pedi e vos será dado! Procurai e encontrareis! Batei e a porta vos será aberta" (Mt 7,7).

É com grande confiança que coloco minha vida em tuas mãos. Sei que tu me amas. Peço que me auxilies com o teu Santo Espírito para que, ao longo destes nove dias de oração, se faça na minha vida aquilo que for de tua santa e sábia vontade. Amém.

A Palavra de Deus

"O povo que andava na escuridão viu uma grande luz, para os que habitavam as sombras da morte uma luz resplandeceu. Pois nasceu para nós um menino, um filho nos foi dado. O poder de governar está nos seus ombros. Seu nome será Maravilhoso Conselheiro, Deus Forte, Pai para sempre, Príncipe da Paz" (Is 9,1.5).

Para refletir e rezar

O profeta Isaías, 800 anos antes do nascimento de Jesus, fala-nos da esperança do nascimento de um menino que irá pôr fim aos tempos de escuridão na vida do povo de Deus e inaugurar um grande tempo de luz. Essa profecia se cumpre com a vinda de Jesus ao mundo, que veio a ser no meio de nós o Maravilhoso Conselheiro, o Deus Forte, o Pai para sempre, o Príncipe da Paz.

Qual desses quatro títulos aplicados a Jesus fala mais forte para mim, hoje? Por quê? O que esse título me leva a dizer a Jesus?

Oração final

Ó querido Jesus, obrigado por este nosso momento de intimidade e amizade. Toma a minha mão e ajuda-me a sair das trevas e caminhar para a luz. Vem ser, cada dia, o meu Conselheiro Maravilhoso, o meu Deus Forte, o Pai dos tempos futuros da minha vida, o Príncipe da Paz! Que a tua presença em minha vida me faça mais semelhante a ti e que também eu possa, com a tua graça, inaugurar um tempo de luz na vida de meus irmãos e irmãs!

Ao encerrar este nosso diálogo, Jesus, coloco confiante em tuas mãos esta que é hoje a minha maior necessidade (*fazer o pedido*). Ouve-me, amado Menino Jesus de Praga! Estabelece entre nós o teu reinado de amor e paz! Amém.

Pai-Nosso, Ave-Maria e Glória-ao-Pai.

Bênção

O Senhor nos abençoe e nos guarde! Mostre-nos a sua face e tenha misericórdia de nós! Volte para nós o seu rosto e nos dê a paz! (cf. Nm 6,24-26).

Em nome do Pai, do Filho e do Espírito Santo. Amém.

SEGUNDO DIA

Apareceram a bondade e o amor de Deus

Oração inicial

Em nome do Pai, do Filho e do Espírito Santo. Amém.

Ó meu amado Menino Jesus, com alegria, encontro-me aqui novamente contigo. Quero estar por inteiro na tua presença. Ilumina-me com o teu Espírito, para que, na leitura e na meditação da tua Palavra, possamos nos entreter como dois amigos. Amém.

A Palavra de Deus

"Quando se manifestou a bondade de Deus, nosso Salvador, e o seu amor pela humanidade, ele nos salvou, não por causa dos atos de justiça que tivéssemos praticado, mas por sua misericórdia, mediante o banho da regeneração e renovação do Espírito Santo. Este Espírito, ele o derramou copiosamente sobre nós por Jesus Cristo, nosso Salvador, para que, justificados pela sua graça, nos tornemos, na esperança, herdeiros da vida eterna" (Tt 3,4-7).

Para refletir e rezar

São Paulo diz a seu amigo Tito e a todos nós que, em nenhum outro momento, a bondade e o amor de Deus apareceram para a humanidade de uma forma tão clara quanto na vida de seu Filho, Jesus de Nazaré, o pobrezinho que nasceu em Belém. Quem se deixa conduzir pelo Espírito de Jesus, "água viva" que ele doa gratuitamente para quem quiser beber, se torna semelhante a ele. Manifesta também ao mundo a bondade e o amor de Deus. E, por isso, saboreia, já nesta vida, um "aperitivo" da alegria e da paz do Céu.

Em que já me assemelho a Jesus, manifestando ao mundo a bondade e o amor de Deus? O que ainda me falta? Que caminho ainda preciso percorrer? O que desejo dizer a Jesus?

Oração final

Obrigado, Jesus, por este nosso momento de encontro. Por que, Jesus, estás ainda tão escondido na minha vida? Por que não te mostras, por que não te revelas no meu rosto, nas minhas palavras, nos meus gestos para meus irmãos e irmãs? Toma a minha vida que é tua. Revela a bondade do Pai por meio dela. Pois, tenho certeza, só assim serei verdadeiramente feliz, só assim estarei desfrutando a herança que gratuitamente me dás, a herança da vida eterna.

Ao encerrar este nosso diálogo, Jesus, coloco confiante em tuas mãos esta que é hoje a minha maior necessidade (*fazer o pedido)*. Ouve-me, amado Menino Jesus de Praga! Estabelece entre nós o teu reinado de amor e paz! Amém.

Pai-Nosso, Ave-Maria e Glória-ao-Pai.

Bênção

O Senhor nos abençoe e nos guarde! Mostre-nos a sua face e tenha misericórdia de nós! Volte para nós o seu rosto e nos dê a paz! (cf. Nm 6,24-26).

Em nome do Pai, do Filho e do Espírito Santo. Amém.

TERCEIRO DIA
Não havia lugar para eles

Oração inicial

Em nome do Pai, do Filho e do Espírito Santo. Amém.

Ó meu amado Menino Jesus, com alegria mais uma vez eu me encontro na tua presença. Diante de ti, em meu coração, trago tudo o que sou: minhas alegrias, minhas angústias, meus projetos, minha família, meus amigos. Toma tudo isso, Jesus, nas tuas mãos, e transforma segundo a tua vontade. Tudo é teu! Sei em quem estou depositando minha esperança. Sei que tu me amas. Ampara-me com o teu Santo Espírito, Jesus, neste momento de oração, para que ele me ajude a ouvir o que preciso ouvir e me ensine a pedir aquilo que melhor me convém. Amém.

A Palavra de Deus

"Naqueles dias, saiu um decreto do imperador Augusto mandando fazer o recenseamento de toda a terra. Todos iam registrar-se, cada um na sua cidade. Também José, que era da família e da descendência de Davi, subiu da cidade de Nazaré, na Galiléia, à cidade de Davi, chamada Belém, na Judéia, para registrar-se com Maria, sua esposa, que estava grávida. Quando estavam ali, chegou o tempo do parto. Ela deu à luz o seu filho primogênito, envolveu-o em faixas e deitou-o numa manjedoura, porque não havia lugar para eles na hospedaria" (Lc 2,1.3-7).

Para refletir e rezar

O Menino Jesus, que na imagem de Praga está ricamente vestido como um príncipe, na verdade nasceu muito pobre, numa estrebaria, em meio aos animais. Isso ocorreu porque não houve quem o acolhesse, assim como seus pais, em uma casa.

Em que aspectos isso me incomoda? Quando eu também não acolho Jesus em minha casa? O que isso me leva a dizer a Jesus?

Oração final

É, Jesus, também eu nem sempre te acolho na minha vida. Isso me entristece e me envergonha. Mas sei que essa é uma tristeza boa, saudável, que me faz despertar para uma outra atitude que preciso tomar em minha vida. Por que não ser diferente? Por que não ser melhor? Ajuda-me, Jesus, a tirar o egoísmo do meu coração. Faz-me acordar cada vez mais para uma vida de partilha e solidariedade. Obrigado por teres nascido tão humilde, no meio dos pobres, no meio dos mais massacrados pela vida. Ajuda-me também a fazer-me pobre com os mais pobres.

Ao encerrar este nosso diálogo, Jesus, coloco confiante em tuas mãos esta que é hoje a minha maior necessidade (*fazer o pedido*). Ouve-me, amado Menino Jesus de Praga! Estabelece entre nós o teu reinado de amor e paz! Amém.

Pai-Nosso, Ave-Maria e Glória-ao-Pai.

Bênção

O Senhor nos abençoe e nos guarde! Mostre-nos a sua face e tenha misericórdia de nós! Volte para nós o seu rosto e nos dê a paz! (cf. Nm 6,24-26).

Em nome do Pai, do Filho e do Espírito Santo. Amém.

QUARTO DIA
Não tenham medo!

Oração inicial

Em nome do Pai, do Filho e do Espírito Santo. Amém.

Querido Menino Jesus, já é o quarto dia em que estamos nos encontrando nesta novena. Já posso perceber que tu queres realizar algo de novo e importante na minha vida. Por isso, mais uma vez, coloco-me dócil em tuas mãos. Faze de mim o que for melhor. Abre meus ouvidos para a tua Palavra e faze que teu Espírito germine em meu coração, convertendo-se em bons frutos para meus irmãos e irmãs. Amém.

A Palavra de Deus

"Havia naquela região pastores que passavam a noite nos campos, tomando conta do rebanho. Um anjo do Senhor lhes apareceu, e a glória do Senhor os envolveu de luz. Os pastores ficaram com muito medo. O anjo então lhes disse: 'Não tenhais medo! Eu vos anuncio uma grande alegria, que será também a de todo o povo: hoje, na cidade de Davi, nasceu para vós o Salvador, que é o Cristo Senhor! E isto vos servirá de sinal: encontrareis um recém-nascido, envolto em faixas e deitado numa manjedoura'. De repente, juntou-se ao anjo uma multidão do exército celeste cantando a Deus: 'Glória a Deus no mais alto dos céus, e na terra, paz aos que são do seu agrado'. Quando os anjos se afastaram deles, para o céu, os pastores disseram uns aos outros: 'Vamos a Belém, para ver a realização desta palavra que o Senhor nos deu a conhecer'" (Lc 2,8-15).

Para refletir e rezar

No tempo de Jesus, a profissão de pastor era considerada uma das mais indignas. Justamente os pastores foram os primeiros a ser escolhidos por Deus para ver o Salvador que havia nascido. É interessante perceber que a primeira reação deles tenha sido de medo. Geralmente, essa é a primeira manifestação diante dos apelos de Deus. Entretanto, foram apressadamente para onde Deus lhes havia indicado e encontraram Jesus com Maria e José.

E quanto a mim: qual é o principal apelo que sinto que Deus está fazendo para a minha vida? Sinto medo? O que isso me leva a dizer a Jesus?

Oração final

Ó querido Jesus, obrigado por este nosso momento de intimidade e amizade. Toma a minha mão e ajuda-me a sair das trevas e caminhar para a luz. Vem ser, cada dia, o meu Conselheiro Maravilhoso, o meu Deus Forte, o Pai dos tempos futuros da minha vida, o Príncipe da Paz! Que a tua presença em minha vida me faça mais semelhante a ti e que também eu possa, com a tua graça, inaugurar um tempo de luz na vida de meus irmãos e irmãs!

Ao encerrar este nosso diálogo, Jesus, coloco confiante em tuas mãos esta que é hoje a minha maior necessidade (*fazer o pedido*). Ouve-me, amado Menino Jesus de Praga! Estabelece entre nós o teu reinado de amor e paz! Amém.

Pai-Nosso, Ave-Maria e Glória-ao-Pai.

Bênção

O Senhor nos abençoe e nos guarde! Mostre-nos a sua face e tenha misericórdia de nós! Volte para nós o seu rosto e nos dê a paz! (cf. Nm 6,24-26).

Em nome do Pai, do Filho e do Espírito Santo. Amém.

QUINTO DIA

Vimos sua estrela e viemos adorá-lo

Oração inicial

Em nome do Pai, do Filho e do Espírito Santo. Amém.

Amado Jesus Menino, mais uma vez estou contigo. Ao olhar para o teu sorridente rosto de criança, na imagem de Praga, lembro-me de que também sorris para mim. No teu sorriso, vejo que tens esperança em mim. No teu sorriso, vejo também que tens esperança em nosso mundo. Sorri para mim, Jesus, sorri para nós, hoje, em mais este dia desta nossa novena. Olha-me nos olhos e faze-me descobrir aquilo que tu queres de mim, aquele único caminho que desejas que eu percorra e que me trará a verdadeira alegria. Dá-me o teu Espírito, para que ele me ajude a orar como convém. Amém.

A Palavra de Deus

"A estrela que os magos tinham visto no Oriente ia à frente deles, até parar sobre o lugar onde estava o menino. Ao observarem a estrela, os magos sentiram uma alegria muito grande. Quando entraram na casa, viram o menino com Maria, sua mãe. Ajoelharam-se diante dele e o adoraram. Depois abriram seus cofres e lhe ofereceram presentes: ouro, incenso e mirra" (Mt 2,9b-11).

Para refletir e rezar

Os magos vieram de regiões muito distantes e encontraram Jesus sob a guia de uma estrela.

Quais são as "estrelas" (pessoas, acontecimentos) que Deus acende hoje na minha vida para que eu encontre o seu Filho Jesus? Tenho sido também "estrela" para meus irmãos? O que isso me leva a dizer a Jesus?

Oração final

Mais uma vez, Jesus, muito obrigado por este nosso momento de oração. Peço-te que coloques em minha vida boas "estrelas", que me conduzam a ti como tu queres que eu te conheça, sem nenhuma mistura de engano ou ilusão. Faze também de mim, por meus gestos, ideais, atitudes e palavras, uma discreta "estrela", que conduza para mais perto de ti ao menos aqueles com quem tenho maior convivência no dia-a-dia.

Ao encerrar este nosso diálogo, Jesus, coloco confiante em tuas mãos esta que é hoje a minha maior necessidade (*fazer o pedido*). Ouve-me, amado Menino Jesus de Praga! Estabelece entre nós o teu reinado de amor e paz! Amém.

Pai-Nosso, Ave-Maria e Glória-ao-Pai.

Bênção

O Senhor nos abençoe e nos guarde! Mostre-nos a sua face e tenha misericórdia de nós! Volte para nós o seu rosto e nos dê a paz! (cf. Nm 6,24-26).

Em nome do Pai, do Filho e do Espírito Santo. Amém.

SEXTO DIA

Agora, Senhor, já posso descansar em paz

Oração inicial

Em nome do Pai, do Filho e do Espírito Santo. Amém.

Chegou a hora do nosso encontro de todos os dias, Jesus. Com confiança, aproximo-me de ti. Dá-me meditar os mistérios da tua santa infância, para que, conhecendo-te cada vez melhor, eu também possa me conhecer melhor, conhecer o que o Pai espera de mim como também esperava de ti. Ilumina-me com o teu Espírito consolador. Amém.

A Palavra de Deus

"Em Jerusalém vivia um homem piedoso e justo, chamado Simeão, que esperava a consolação de Israel. O Espírito do Senhor estava com ele. Pelo próprio Espírito Santo, ele teve uma revelação divina que não morreria sem ver o Ungido do Senhor. Movido pelo Espírito, foi ao templo. Quando os pais levaram o menino Jesus ao templo para cumprirem as disposições da Lei, Simeão tomou-o nos braços e louvou a Deus, dizendo: 'Agora, Senhor, segundo a tua promessa, deixas teu servo ir em paz, porque meus olhos viram a tua salvação, que preparaste diante de todos os povos: luz para iluminar as nações e glória de Israel, teu povo'" (Lc 2,25-32).

Para refletir e rezar

Todos trazemos em nosso peito uma esperança de renovação, de mudança de vida. Assim também aconteceu com Simeão, em quem o Espírito Santo manteve sempre aceso o desejo de ver o Ungido que Deus enviaria para restaurar a fidelidade do povo de Israel. Com que alegria ele segurou Jesus nos braços, vendo suas esperanças cumpridas!

Qual é a esperança de renovação que hoje o Espírito Santo acende em meu coração? O que isso me leva a dizer a Jesus?

Oração final

Jesus, ao meditar nesta novena os mistérios de tua santa infância, vejo que, embora em tudo foste semelhante a qualquer criança do mundo, tinhas, já nos teus primeiros anos de vida, algo de muito especial. Eras uma criança que enchia de esperança toda pessoa que se aproximasse de tua singeleza infantil. Em teu rosto de menino, apareciam estampados todo o amor, a bondade e a sabedoria de nosso Deus. Como o velho Simeão, quero também te tomar em meus braços, Jesus! É em ti que vejo cumpridas todas as minhas mais profundas esperanças e meus mais sinceros anseios! Também quero hoje contemplar teu rosto, para que somente assim eu possa encontrar o descanso e a paz que tanto procuro.

Ao encerrar este nosso diálogo, Jesus, coloco confiante em tuas mãos esta que é hoje a minha maior necessidade (*fazer o pedido*). Ouve-me, amado Menino Jesus de Praga! Estabelece entre nós o teu reinado de amor e paz! Amém.

Pai-Nosso, Ave-Maria e Glória-ao-Pai.

Bênção

O Senhor nos abençoe e nos guarde! Mostre-nos a sua face e tenha misericórdia de nós! Volte para nós o seu rosto e nos dê a paz! (cf. Nm 6,24-26).

Em nome do Pai, do Filho e do Espírito Santo. Amém.

SÉTIMO DIA

Devo ocupar-me das coisas de meu Pai

Oração inicial

Em nome do Pai, do Filho e do Espírito Santo. Amém.

Na tua presença, Jesus, coloco-me inteiramente à tua disposição. Em mais este dia de novena, quero encontrar na tua infância uma escola de humildade, obediência e amor. Que o teu Santo Espírito reze em mim neste momento. Amém.

A Palavra de Deus

"Os pais de Jesus o encontraram no templo, sentado entre os mestres, ouvindo-os e fazendo-lhes perguntas. Todos aqueles que ouviam o menino ficavam maravilhados com sua inteligência e suas respostas. Quando o viram, seus pais ficaram comovidos, e sua mãe lhe disse: 'Filho, por que agiste assim conosco? Olha, teu pai e eu estávamos angustiados, à tua procura!'. Ele respondeu: 'Por que me procuráveis? Não sabíeis que eu devo estar naquilo que é de meu pai?'" (Lc 2,46-49).

Para refletir e rezar

O episódio da perda e do encontro do Menino Jesus no templo às vezes pode nos fazer imaginar um Jesus rebelde para com seus pais. Na verdade, aqui temos uma clara manifestação de que Jesus é o Filho de Deus, e sua obediência ao Pai é maior e mais importante que qualquer outro compromisso, inclusive familiar. Já adolescente, Jesus se sente totalmente livre para fazer a vontade do Pai.

E quanto a mim: que lugar tenho reservado para Deus na minha vida? O que tenho considerado mais importante que ele? O que isso me leva a dizer a Jesus?

Oração final

Em tua experiência de adolescente, Jesus, consigo enxergar um grande desejo de liberdade, como vejo também nos adolescentes e jovens de meu tempo. Mas a liberdade que buscas, Jesus, é a verdadeira liberdade, que não nos torna escravos de mais nada. É a tua fidelidade ao Pai que te faz livre e corajoso para seguires o teu caminho. Quero também ser livre como tu, Jesus! Faze-me fiel à vontade do Pai, para que eu também possa seguir desimpedido o meu caminho!

Ao encerrar este nosso diálogo, Jesus, coloco confiante em tuas mãos esta que é hoje a minha maior necessidade (*fazer o pedido*). Ouve-me, amado Menino Jesus de Praga! Estabelece entre nós o teu reinado de amor e paz! Amém.

Pai-Nosso, Ave-Maria e Glória-ao-Pai.

Bênção

O Senhor nos abençoe e nos guarde! Mostre-nos a sua face e tenha misericórdia de nós! Volte para nós o seu rosto e nos dê a paz! (cf. Nm 6,24-26).

Em nome do Pai, do Filho e do Espírito Santo. Amém.

OITAVO DIA

Tenham os mesmos sentimentos de Jesus

Oração inicial

Em nome do Pai, do Filho e do Espírito Santo. Amém.

Amado Jesus, como é bom estar contigo! Abre o meu coração para que este nosso momento de diálogo possa-me trazer crescimento e renovação de vida. Queima o meu coração com o fogo de teu Espírito, para que eu me torne mais semelhante a ti. Amém.

A Palavra de Deus

"Haja entre vós o mesmo sentir e pensar que no Cristo Jesus. Ele, existindo em forma divina, não considerou como presa a agarrar o ser igual a Deus, mas despojou-se, assumindo a forma de escravo e tornando-se semelhante ao ser humano" (Fl 2,5-7).

Para refletir e rezar

É admirável pensar que o Filho de Deus se fez gente como a gente para estar conosco e nos abrir o caminho para o Pai. Ele veio enfrentar esta nossa vida tão dura. Não fugiu nem se esquivou de nada, sempre se manteve fiel à vontade do Pai. Nós, às vezes, sentimos a tentação de fazer a viagem contrária à de Jesus: fugir desta vida, buscando em Deus uma espécie de refúgio pouco saudável. São Paulo nos convida a ter os mesmos sentimentos de Jesus: humildade, obediência ao Pai, coragem de viver intensamente esta vida.

De que estou querendo fugir na minha vida? O que isso me leva a dizer a Jesus?

Oração final

Sou tão frágil, Jesus! Às vezes me sinto um barco navegando em meio à tempestade da vida. Não me abandones, Jesus! Fica comigo! Dá-me coragem para encarar esta vida, teu grande dom, de peito aberto, como tu fizeste. Ajuda-me a descobrir sempre mais a beleza de viver, de vencer os desafios e de crescer diante das dificuldades. E ajuda-me a fazer nesta vida a vontade do Pai.

Ao encerrar este nosso diálogo, Jesus, coloco confiante em tuas mãos esta que é hoje a minha maior necessidade (*fazer o pedido*). Ouve-me, amado Menino Jesus de Praga! Estabelece entre nós o teu reinado de amor e paz! Amém.

Pai-Nosso, Ave-Maria e Glória-ao-Pai.

Bênção

O Senhor nos abençoe e nos guarde! Mostre-nos a sua face e tenha misericórdia de nós! Volte para nós o seu rosto e nos dê a paz! (cf. Nm 6,24-26).

Em nome do Pai, do Filho e do Espírito Santo. Amém.

NONO DIA

Receber o Reino de Deus como crianças

Oração inicial

Em nome do Pai, do Filho e do Espírito Santo. Amém.

Sou feliz, Jesus, porque sei que estás comigo. Entrego-te como oferta este último dia de novena, para que faças dele o que quiseres. Este tempo em que estamos juntos é teu, todo teu. Venha o teu Santo Espírito e encha o meu coração nesta hora. Amém.

A Palavra de Deus

"Algumas pessoas trouxeram criancinhas para que Jesus as tocasse. Vendo isso, os discípulos começaram a repreendê-las.

Jesus, no entanto, as chamou para perto de si, dizendo: 'Deixai as crianças virem a mim e não as impeçais, pois a pessoas assim é que pertence o Reino de Deus. Eu vos digo: quem não receber o Reino de Deus como uma criança não entrará nele'" (Lc 18,15-17).

Para refletir e rezar

No tempo de Jesus, as crianças eram completamente marginalizadas. Não havia espaço para elas na sociedade. Jesus não só as trouxe para perto de si, mas também as propôs como modelo de vida para todos. Ele nos convida a ter como virtude aquilo que as crianças têm por natureza: espontaneidade, sinceridade, inocência, alegria, confiança e dependência de alguém que tome conta de nós.

O que posso fazer para me colocar nos braços de Deus como uma criança? O que aprendi com a infância de Jesus ao longo desta novena? O que isso me leva a dizer a ele?

Oração final

Muito obrigado, Jesus, por este nosso momento de amizade e por esta novena que hoje encerramos. Olhando para tua infância, pude ver melhor como é grande o teu amor por nós: aceitaste te fazer Menino para nos mostrar como esta nossa vida é bonita quando vivida na fidelidade ao Pai. Por onde passas, Menino Jesus, fazes florescer um mundo novo. Passa pela minha vida! Faze-me ser criança como tu também: dependente, livre e fiel nos braços do Pai!

Ao finalizar este nosso diálogo, Jesus, coloco confiante em tuas mãos esta que é hoje a minha maior necessidade (*fazer o pedido*). Ouve-me, amado Menino Jesus de Praga! Estabelece entre nós o teu reinado de amor e paz! Amém.

Pai-Nosso, Ave-Maria e Glória-ao-Pai.

Bênção

O Senhor nos abençoe e nos guarde! Mostre-nos a sua face e tenha misericórdia de nós! Volte para nós o seu rosto e nos dê a paz! (cf. Nm 6,24-26).

Em nome do Pai, do Filho e do Espírito Santo. Amém.

Coleção Nossas Devoções

- *Dulce dos Pobres: novena e biografia* – Marina Mendonça
- *Francisco de Paula Victor: história e novena* – Aparecida Matilde Alves
- *Frei Galvão: novena e história* – Pe. Paulo Saraiva
- *Imaculada Conceição* – Francisco Catão
- *Jesus, Senhor da vida: dezoito orações de cura* – Francisco Catão
- *João Paulo II: novena, história e orações* – Aparecida Matilde Alves
- *João XXIII: biografia e novena* – Marina Mendonça
- *Maria, Mãe de Jesus e Mãe da Humanidade: novena e coroação de Nossa Senhora* – Aparecida Matilde Alves
- *Menino Jesus de Praga: história e novena* – Giovanni Marques Santos
- *Nhá Chica: Bem-aventurada Francisca de Paula de Jesus* – Aparecida Matilde Alves
- *Nossa Senhora Aparecida: história e novena* – Maria Belém
- *Nossa Senhora da Cabeça: história e novena* – Mario Basacchi
- *Nossa Senhora da Luz: novena e história* – Maria Belém
- *Nossa Senhora da Penha: novena e história* – Maria Belém
- *Nossa Senhora da Salete: história e novena* – Aparecida Matilde Alves
- *Nossa Senhora das Graças ou Medalha Milagrosa: novena e origem da devoção* – Mario Basacchi
- *Nossa Senhora de Caravaggio: história e novena* – Leomar A. Brustolin e Volmir Comparin
- *Nossa Senhora de Fátima: novena* – Tarcila Tommasi
- *Nossa Senhora de Guadalupe: novena e história das aparições a São Juan Diego* – Maria Belém
- *Nossa Senhora de Nazaré: história e novena* – Maria Belém
- *Nossa Senhora Desatadora dos Nós: história e novena* – Frei Zeca
- *Nossa Senhora do Bom Parto: novena e reflexões bíblicas* – Mario Basacchi
- *Nossa Senhora do Carmo: novena e história* – Maria Belém
- *Nossa Senhora do Desterro: história e novena* – Celina Helena Weschenfelder
- *Nossa Senhora do Perpétuo Socorro: história e novena* – Mario Basacchi
- *Nossa Senhora Rainha da Paz: história e novena* – Celina Helena Weschenfelder
- *Novena à Divina Misericórdia* – Tarcila Tommasi

- *Novena das Rosas: história e novena de Santa Teresinha do Menino Jesus* – Aparecida Matilde Alves
- *Novena em honra ao Senhor Bom Jesus* – José Ricardo Zonta
- *Ofício da Imaculada Conceição: orações, hinos e reflexões* – Cristóvão Dworak
- *Orações do cristão: preces diárias* – Celina Helena Weschenfelder
- *Os Anjos de Deus: novena* – Francisco Catão
- *Padre Pio: novena e história* – Maria Belém
- *Paulo, homem de Deus: novena de São Paulo Apóstolo* – Francisco Catão
- *Reunidos pela força do Espírito Santo: novena de Pentecostes* – Tarcila Tommasi
- *Rosário dos enfermos* – Aparecida Matilde Alves
- *Rosário por uma transformação espiritual e psicológica* – Gustavo E. Jamut
- *Sagrada Face: história, novena e devocionário* – Giovanni Marques Santos
- *Sagrada Família: novena* – Pe. Paulo Saraiva
- *Sant'Ana: novena e história* – Maria Belém
- *Santa Cecília: novena e história* – Frei Zeca
- *Santa Edwiges: novena e biografia* – J. Alves
- *Santa Filomena: história e novena* – Mario Basacchi
- *Santa Gemma Galgani: história e novena* – José Ricardo Zonta
- *Santa Joana d'Arc: novena e biografia* – Francisco de Castro
- *Santa Luzia: novena e biografia* – J. Alves
- *Santa Maria Goretti: história e novena* – José Ricardo Zonta
- *Santa Paulina: novena e biografia* – J. Alves
- *Santa Rita de Cássia: novena e biografia* – J. Alves
- *Santa Teresa de Calcutá: biografia e novena* – Celina Helena Weschenfelder
- *Santa Teresinha do Menino: novena e biografia* – Jesus Mario Basacchi
- *Santo Afonso de Ligório: novena e biografia* – Mario Basacchi
- *Santo Antônio: novena, trezena e responsório* – Mario Basacchi
- *Santo Expedito: novena e dados biográficos* – Francisco Catão
- *Santo Onofre: história e novena* – Tarcila Tommasi
- *São Benedito: novena e biografia* – J. Alves

- *São Bento: história e novena* – Francisco Catão
- *São Brás: história e novena* – Celina Helena Weschenfelder
- *São Cosme e São Damião: biografia e novena* – Mario Basacchi
- *São Cristóvão: história e novena* – Mário José Neto
- *São Francisco de Assis: novena e biografia* – Mario Basacchi
- *São Francisco Xavier: novena e biografia* – Gabriel Guarnieri
- *São Geraldo Majela: novena e biografia* – J. Alves
- *São Guido Maria Conforti: novena e biografia* – Gabriel Guarnieri
- *São José: história e novena* – Aparecida Matilde Alves
- *São Judas Tadeu: história e novena* – Maria Belém
- *São Marcelino Champagnat: novena e biografia* – Ir. Egídio Luiz Setti
- *São Miguel Arcanjo: novena* – Francisco Catão
- *São Pedro, Apóstolo: novena e biografia* – Maria Belém
- *São Peregrino Laziosi* – Tarcila Tommasi
- *São Roque: novena e biografia* – Roseane Gomes Barbosa
- *São Sebastião: novena e biografia* – Mario Basacchi
- *São Tarcísio: novena e biografia* – Frei Zeca
- *São Vito, mártir: história e novena* – Mario Basacchi
- *Senhora da Piedade: setenário das dores de Maria* – Aparecida Matilde Alves
- *Tiago Alberione: novena e biografia* – Maria Belém